JN439386

매화꽃 다시 피면

정삼희 시집

도서출판 경남

| 자서 |

이번 시집을 다시 내기까지는 8년이란 세월이 흘렀습니다.

내 안에 들어와 사는 수없이 많은 묘령의 여인들, 이 재미있는 여인들은 어디서 온 것일까요. 어떤 날은 고독해서 측은해 보이기도 하고, 어떤 날은 즐거움에 신명나 깔깔거리기도 하며 눈부신 모습입니다.

그녀는 번쩍 변덕을 잘 부려 도삽쟁이라고 부릅니다. 그녀의 한 줄 파장에 화성인이 되었다가 지구인이 되기도 합니다. 변화무쌍한 묘령의 여인들이 노는 무릉도원 도화 밭은 어떤 모습일까요. 언어의 마술이 빚어낸 기발한 암호가 애환이 되어 벽화처럼 새겨져 통역을 요구하며 궁금하게 합니다.

글쟁이들은 저 혼자 노는 법을 안다고 하지만 저는 각기 다른 여인들이 나타나서 끼를 부리고 사라지는 것을 어느 날 몰래 보다가 들키고 말았습니다. 별 방정식 없는 그녀들의 해독되지 않은 편한 시, 한 상을 받고 보니 주체할 수 없는 끼가 발동을 하여 도저히 가슴에서 머리로 머리에서 손으로 밀어내지 않고서는 밤, 낮 견딜 수가 없었습니다.

어쩌다 글몸살을 하고 나면 스스로 병을 처방해서 치유하고 완쾌까지 시간이 지나면 정화가 되어 일렬종대로 글방 서재에 외출을 하곤 하지요.

제 영혼에 들어와 사는 여인들은 전생에 과연 무엇을 했던 여인들이기에 이런 풍류를 즐기고 있는 것일까요. 감히 전생이 있었다면 거짓 없이 천하를 흔든 양귀비보다 더한 기녀가 아니었나 사치스러운 생각을 해보게 됩니다.

오늘 순간 포착된 여인은 검은 옷에 긴 생머리를 한 조금은 수다스럽고 화들짝 숨넘어가게 잘 웃는 여인입니다. 눈물이 많아 툭 스치면 맑은 눈물방울이 진주알처럼 몽글몽글 쏟아질 것 같아 가련해 보이기도 합니다.

조롱박에 여린 댓잎 하나 동동 띄워서 목마른 이에게 샘물 한 바가지 드리는 심정으로 이번 시의 보따리를 풀어봅니다.

숙성을 해서 거나한 시 한 상 준비하려 한 것이 야속히 세월만 흘러버렸습니다. 구차한 변명 같지만 평설이다 뭐다 돈만큼 퍼즐 맞춤식에 저는 동참도 못하고 오늘까지 고집을 했습니다. 행여 앞으로 기회가 주어진다면 냉혹한 자기철학으로 제 자신의 시를 평설해 적과의 동침이란 불 속으로 뛰어 들어가 보고 싶은 게 개인 욕심입니다.

그녀들의 비밀 베일 속에서 여전히 시를 동경할 것입니다. 참으로 오랜 시간 어깨에 짊어진 업 하나 내려놓고 보니 부족한 점 선명히 보입니다. 그동안 참으로 고행의 시간이었습니다.

화성인!

일주일 한두 번 뇌세포 150억 개 오색 알전구 훤히 불 들어오면 신명 든 신경초 이파리 전생에서 밤새 걸어온 문자 슬슬 빙의되어 주술 풀듯 시 한 상 뚝딱 해독해 놓고 저 혼자 달빛 젖어 있는 그녀 누구신가.

차향만당에서 여단헌

차례

2부 첫눈에 필이 꽂히는 것처럼

3부 사모곡

4부 눈물 봉투

5부 신혼 일기

제1부 어머니

개 업

지난 경력 몇 년 세월인지 중요하지 않다
요란한 가식 행사들 다 버리기로 하자
소반에 부정과 제수 놋그릇 올려놓고
돌아앉으신 법전사 주지 스님 목탁 소리
탁탁 가슴 때리며 박힌다
수많은 암호 같은 법문 다 알아듣지는 못하지만
세상 등 돌리고 가부좌하신 스님 목탁 소리
미련한 인간이여 정신 차려라
욕심 버려라 하는 소리 같아
합장하는 마음 울컥울컥 목메인다
이런 좋은 날 가슴 아리는 저 소리는
내게 왜 통곡 소리로 들리는가
중년 발악 한 그릇 떠놓은 마알간 찬물
한 바가지 향내 가득하다
이내 스님 계신 가게 환해온다

길표 통닭

동네 탑마트 앞 노점상 육질 번질한 영계
잔뜩 겁먹은 채 빙빙 도는 적외선 선탠 중입니다
시간 저물수록 노을빛 달아오른 빵빵한 에이치라인
일등급 베트남 신부감인데요. 저 어린 신부 풋풋한 살냄새
밤이 긴 사람들 하나 둘, 삽시간 모셔 갑니다. 가는 길 다시 돌아와
역시 흥정합니다. 오늘따라 그녀 등에서 나는 소금 냄새
아슴히 흐르는 홍등가 능소화 꽃잎 같습니다

주상절리대*

누구의 작품이란 말인가 어느 신의 장난이기에
저토록 하루 이틀 욕심 토막토막 세웠단 말인가
틈, 틈이란 이승과 저승과의 이야기와
틈이란 천년 가로질러 빗금 그어놓고
인연 끊었다 이어주는 동아줄일 수도 있겠네
밤마다 돌기둥 사이 금성 떠돌다
세월 몇 광년 흘렀다
벼랑으로 기어오르는 저 성난 물보라 파도 좀 보게
감성마다 칸 질러놓고 절규하다 자지러지고 있지 않는가
한 치의 오차도 없이 한 치의 곡선도 없이
도도하게 부러져 내리박힌 비수 같은 절리
어느 가을 절실하여 억새머리 나풀거리며 그대 앞
찾아가 어수선한 할 말 다 못하고 말았네

*주상절리대 : 제주도 서귀포시 중문동 소재. 용암류에 형성된 기둥 모양의 바위.

아귀찜

가슴 타는 날은
시린 속 달래려 반들반들
차려진 밥상 받는다

밋밋한 열무김치 닮은 대성댁
만날 그 표정 웃는지 반기는지
연구대상이라며 알싸한 접시에
돌미나리 녹말풀 돌돌 섞은
조식에 얼굴 복닥거린다

가슴 타는 날은
금방 등 뒤 쏟아져 내리는
기상대의 가난한 비 소식이 좋아
밑바닥까지 태울 땡초 숭숭한 아귀찜을 먹는다

밤새 비워버린 허기진 심사
비상 불 번쩍번쩍 밝히고
호사스런 아침, 인생도박 식사 즐긴다

지리산

이보세요
무량한 마음으로 웃음 번지게 하는 거대한 산맥
철따라 당신 품속에서 온갖 새 사글세로 살지만 행복합니다
어쩌다 비 그친 날, 수정 물안개에 몸단장하는 그대 우연히 보았습니다
어제 하늘 가까이 선 태양 이글거려도, 소금 빛 눈부신 태양 등지고
끄떡 하지 않고 있는 모습, 가슴 타들어가는 산 풍경이었습니다
더러더러 생이 적막해서 울고 싶을 때, 뜨락 부는 바람으로 다시 오렵니다
이보세요
당신 두 눈 먼다 해도 곡진한 필연 찬연히 받아 주세요

동 창

주소를 잃어버리고 산 지가 얼마 만인가
가물거리는 초등 동창회 홈피 물어물어 들어가 보니
그동안 무엇이 나를 이토록 질기게 잡고 놓아주지 않았는지
내 근사치 모습 찾기에 시간이 필요했다
박색에서 환한 얼굴로 분내 폴폴거리며 정지된 앨범에 들어 있는 친구들
더러더러 아슴히 가물거리는 중년 머슴애
언제 세월은 소리도 없이 유일한 종착역 달려가다 말고
오월 중순에 걸려 잠시 간이역에서 숨 돌리고 있단 말인가
철없는 가시내 조잘거림이 환청 되어 지나간다
삶이 그래서 오늘같이 한가한 날을 보너스로 남겨 놓았나보다

스승의 날

뒤돌아보니 감사할 분들 수국꽃 같다
초, 중, 고, 대, 대학원, 또박또박 문자 올린다
감사합니다. 달리 할 말 찾지 못하고
명색이 시인이라는 제자가 평범한 다섯 자 꾹꾹
누르고 나니 어쩐지 가슴 찡해온다
답도 가지가지, 생각하니 감사 받을 것도
아무것도 없구나 오히려 고맙다. 감사하다
제자인 나에게로 다시 돌려주시는 스승님
그저 잊지 않고 산다는 게 평생 은혜일 따름이다

사월초파일

겁외사, 송덕사, 법장사 닿는 발자국 끝, 각각 다른 관념 절어와

그저 죄인 되어 고개 숙여 주문 외워봅니다

무슨 죄 전생부터 지었다고 아직도 엎드려 사죄하는 것입니까

이렇게 좋은 날 너무 버겁습니다. 공양 한 사발 비벼 숨기고도 모자라 또

다른 유혹 뿌리치지 못하는 죄인은 어디서 오신 누구입니까

오월 바람은 제법 근사하다 못해 낯익은 더위 살랑거립니다

대쪽 하나 들고 관불하는 순간, 흩어진 심사 저만치 휜하게 걸어오고 있습니다

치렁치렁 육신, 오만 가지 벗어놓은 하루해는 새벽이슬 미끄러지듯 순간입니다

할 말 못할 말 쏟아져 나와 염불 타고 스러진 하루였습니다

딸 생일

인연으로 삼색나물 만듭니다
고기와 잡채 상 차려도 별 재미없습니다
지 잘난 맛에 열일곱 살
다곡다곡 말대꾸 일품이고
친구 수다 삼단입니다
품안 자식이라 엊그제 누군가 이야기했지만
제 이야기인 줄 몰랐습니다
생일은 부모님께 감사하다는 말
강조한 제가 어제는 구석기 여자 되었습니다

겨우살이

차라리 남극이라 해도 좋으리
연노랑 흰 날개 오매불망 달고저
해발 칠백 미터 고지
숨어 살아야 하는 기막힌 운명
밤마다 한숨처럼 퍼붓는 폭설
지금쯤 설원 위험 수위
아랫도리 넘어서고 있을까
물오리나무 등에 업혀 수액 빨다 말고
내일 폭설 점치고 있다
항간에 풍문으로 들리는
만병통치라는 죄명의 수배자
하늘 가까운 도피생활
산뽕나무만 바라보고 살았다
당신 아니면 못 산다고
누가 먼저 말했던가
하루가 너무 더디다
사철 낭창한 푸른 옷 한 벌
전 재산인 요놈의 더부살이
잠시 자연도 몰래 벗어두고
결국 당신 집까지 내려오고 말았다

어떤 장인

지리산 어느 가문에서 오래된 다듬이판 하나 가져왔는데요
아 그놈의 무게가 겨우내 살이 많이 올라 만만치 않습니다
어느 절개 높은 사대부 여인 정인이기에
풍채는 영락없는 박달나무골 박 서방이고요
눈빛 머무는 사람마다 한마디씩 던지는데요
참 고놈 미끈하고 기운차다며 이구동성입니다
얼마 전 모 지인 한 분 제게 제안을 했습니다
혼을 불어넣고 싶다고 간청하기에 기꺼이 따라 보냈더니
숙성된 시간 아래 글쎄 불자가 되어 하산하였습니다
이백칠십 자 반야심경 장삼 빼곡히 걸친 훤한 미남
가만히 시선 두어 보니 명품 맞춤옷 하도 잘 맞아
성불하소서, 성불하소서 하는 소리 자꾸 들려
고개를 숙이게 만듭니다
거 참 신비스럽는데요 자다 말고 궁금하여
조용히 나가 보니 백성들을 위해 기도 드리는 중이었습니다

일년에 한번 띄우는 편지

땅이 땅을 섬기던 올해
하늘이 하늘을 안고 달려가야 할 새해
화로 속 반란 같은 시간들
뜨거운 일 년 비망록 한 페이지
복 달라 염원한 시간
무늬 없는 조각보 수놓았지만
내 꽃잎 진 가슴
그대가 건넨 사랑 당신처럼 행복하다
애간장 태운 천년 언약 이 자리
무심한 시계 흑백 되어 돌고.

삼 류

오늘도 바다는 천개 얼굴을 하고 삼류 시인을 검색한다
시 줍는 갯마을 사람들, 막 개통한 사천대교 귀퉁이
포장마차에서 풀빵을 굽고 군밤을 내다팔며 겨울을 펴가고 있다
언제부터인가 시들은 시궁창을 돌고 외설을 외치다 하수장에서 정화 시로 전락하여
이슈 때마다 훌륭한 대통령 표창 같은 제목을 달고 신문 8면에 대문짝만 한 포스트로 채워지고.
알아듣지도 못할 언어 유희, 말도 안 되는 ××시, 밑바닥에서 낄낄거리며
하수구에서 올라와 목욕도 없이 판치는 시대
아, 누가 어디서 잘못 보았단 말인가
다 우려먹은 서정시는 야사의 괴담인가
천 개의 가면을 붙이고 배출구니 정화니
삼류 시인은 또 통곡하고 싶다

천연 염색 말아 올린 노을 속 사천대교 위에서 울화통 통발에 이무기 한 마리 잡아 낑낑 올리고 섰다

산다화

그토록 산통 일더니
동지섣달 붉은 생명 밀어내느라
언약한 뱃고동 소리 듣지 못했다
세월은 산다화로 스러지고
피바다 되어버린 그녀 섬
어찌할 바 몰라
저무는 날 무심히 범한 육도에서
바다 바라보고 하냥 서 있다

진양호

기다리는 이 없어도 노을은 저녁을 향해 호수로 내려오고 있다
널 별만큼 사랑했던 시간, 적막을 두고 노을이 호수에 눕자
긴 그림자 기다렸다는 듯 불빛을 띄웠다
주체할 수 없는 흐드러진 칡꽃 향기 호수 가득 차오르자 무수히 퍼붓는 바람
달빛은 온밤 설국처럼 쏟아져 내리기 시작하였다

생 일

당신도 그러했지요
섣달하고도 스무엿새 날
회귀본능에서 끄나풀 하나 풀어
고해의 바다에 던진 날
당신도 나도 울었지요

당신이 그러셨지요
어머니가 되고서야
비로소 인간이 된다고
저도 닮아 갑니다

당신이 먼저 전화하기 전
이른 아침 전화를 겁니다
고맙다는 말이 끝나기 전
눈물에 노출될까 봐
서로는 감전으로 이어집니다

송덕사*

당신 떠난 이 가을
송덕사 앞뜰 단풍잎 바람 속 쏟아져
해탈열반으로 외출할 당신을 기다리고 있습니다

이슬 고인 새벽 법당 문 뒤
산 근처 밤새 흐느낀 파랑새 한 마리
무상법문 소리 듣고 앉아 있습니다

당신의 모습 아니 뵌 지 이 주일째
오늘따라 영정 사진 속 모습이 무척 슬퍼 보입니다
간간이 들리는 풍경 소리 목석처럼 바람 읽어도
작별로 비벼오는 인사는 아직도 전해지지 않습니다

뜬구름이 모였다가 흩어짐이 인연이라 하거늘
인연 따라 모인 것은 인연 따라 흩어지는 것이라 하시는 스님 말씀
탁탁 가슴에 못질 되어 가난하게 박힙니다

당신을 두고 돌아오는 길은 낙엽만 쓸리며 저 혼자 뒹굴고 있습니다

*송덕사 : 산청군 단성면 길리 반송산에 있는 절.
*시어머님의 49재를 올리며

지금 바다는

해녀로 이십 년 산 여인
종일 원색 강물 물질하여
건져 올린 세상 속엔
불가사리, 플라스틱 병
미이라 된 구두 한 짝
비틀어진 돌멍게 서너 마리

아이고 사람들아
이제 우째 살아가야 하노
입에 풀칠도 못하겄다

금지된 자막처럼
세속 벗은 태산 몇 마디
양심도 팔아버린 무명 바닷가

바람 가지 끝 허기로 우는 물새 몇 마리
사람들이 갈취한 큰 바다에서
바람 떠먹고 산다

어머니 · 1

부재의 시간
저물도록 가게 마감하고
목마른 사연들 정리한다
개화에 잠 못 이루는 수척한 달빛
조금 전 골동품 괘종시계
몇 번 쳤는지 길쭉하게 늘어져 있다
국어사전 속 같은 요즘
봄밤은 맥주잔 속에서 철벅거리고
아 멀고도 가까운 당신
보고싶다 하소연하고 싶지만
그립다 하소연하고 싶지만

종합진찰

억수비 퍼붓던 날
금방 간이역에서
웃음과 이별 인사
나누고 온 듯한 사람들
가릴 것 없이 기대 있다

간혹 걱정조차
미처 가지고 오지 못한 사람도
저린 가슴 늘어놓고 서 있다

저들 편 나는 어느 곳 줄 서야 하나
소박한 밥상 저버린 가슴 위로
초음파 사차원 뜰 탐사 중이다

불 켜진 육체 저당 잡혀
초인종을 울리고 있다
한바탕 태풍 휩쓸고 지난 자리
무인카메라 출산 준비 서둘고

제2부 첫눈에 필이 꽂히는 것처럼

해 야

투명한 여명 밝아오는 새해 아침
하늘 길 아득한 고갯마루 암자에 서니
묵은 상념 훌훌 새 되어 날아오른다
저만치 구름 깨고 질화로 속 붉은 해 솟더니
하늘 아래 맨 먼저 내 품으로 달려 들어온다
두 손 모아 서게 해준 보람, 새 기운이여
우주 질서를 안은 지금
아 아 내일이면 내 가슴에도 뜨거운 해 뜨리라
기쁨은 평화의 고랑으로 향해 날갯짓 비상하다 돌고 돌아.

화차를 만들며

꽃 몸살로 누운 오늘
황사 바람 인다
관대한 사랑 여인의 영혼마저 무너지고
전생에 너는 무엇이기에
어둠 씻어내는 절벽에서 살지 못하고 내려와
내게 빚을 갚는 것이냐
청천 밤하늘에 피어났을 목숨
집안 가득 쏟아진 차 향기
질펀히도 누워 나를 끌어당기고 있다

풍문 이후

매운 회초리 기억보다
따뜻한 눈길의 사랑 사무친다
간밤 꿈속 흐릿한 추억 속
그려보는 모습 아련하다
어언 25년!
부산한 컴퓨터 검색창
주문처럼 두들겨도 깜깜무소식
풍문 보따리 탈탈 털어내서야
거기 초로의 교장 선생님 한 분
엄정한 모습으로 나투셨다
아아 오오
전화선 타고 기쁨 선율 재재거린다
긴장 푼 온몸 열꽃 돋아난다
세상 미쁜 꽃망울들 한꺼번에 눈 뜬다

포도주

절박한 사정으로
뒤척이며 머물다간 비밀 하나
붉은빛 스러지는 간절한 갈증마저 서러운 그대
뜨거운 심장 전선처럼 와 닿는 부재의 술
알몸 속 파고들어 얼큰해진다
비루하지만 날 달뜨게 하는 기막힌 속내

고물상

큰길가
마음 풍요로운 집 하나 있다
낮은 담벼락 끼고 잡동사니 가득한 집
몇 푼에 팔려온 싸구려 플라스틱부터
아직 기름냄새 따끈한 조간신문까지
고물상 앞 지나면 내 눈 초롱해진다
누구 집에서 왔는지
개밥 그릇보다 못한 양은 냄비
땟물 줄줄 붙어 마당 한 구석 뒹굴고 있다
주인 잘 만나 담벼락도 영락없는 전시장
낙관 없는 그림부터
한바탕 전쟁 치른 티브이까지
지지고 볶으며 드날리던 것
일주일 보아도 모자랄 만큼
공짜부터 값비싼 고철까지 줄 서 있다
가끔 고물상 지날 때마다
자유로운 몸짓 신나 보인다
어느새 고물상 부부도
골동품처럼 해묵었다
골판지와 살면

잘 익은 신 김치 냄새 묻어날까
오늘도 고물상 부부 리어카 밀고 동네 나선다
세상 환한 모노드라마 준비하듯
고물 삽니다

로즈메리

석양 무렵 식탁에 허브 화분 하나 놓았다
지리산 낭떠러지 바람 이름 닮은 향
스산한 봄 박하 차 한잔
조롱박 띄워 심장 화악 불 밝힌다
성숙한 산등성 정기 내가 마시는 행복

남강의 노래

물안개 승천하는 남강 언덕
뒤벼리 석류꽃 님 오실 날 기다리다 져요
언제고 돌아온다는 천년 약속
강물 되어 밤을 새운 아침
바람에 묻어나는 댓잎 소리 영혼으로 들려요
간절한 내 사랑아
간절한 내 사랑아
이룰 수 없는 언약 논개 바위 되었어요
꽃 피는 날 강가에 마중 나갔다가
잎 지는 날 강가에 앉았습니다

조간신문

초저녁 마신 커피 탓인가 봅니다.
불면에 뒤척이다 스탠드를 켠 시간
첫새벽은 아직 집으로 도착하지 않았습니다.
아침보다 먼저 당도한 오토바이에 실려온 조간신문
지난밤 지구 위 변명 같은 사연들 글자와 산책하다
세상 둘러보고 갔나 봅니다.
문 열고 보니 아직도 어둑한 하늘에 샛별 피어나
시들지 않고 있습니다.
따끈따끈한 세상이야기 달무리 되어 빼곡하게 정리되어 있고요.
잠들지 못한 오토바이
동네 어귀에서 점점 멀어지고 있습니다.

이메일

밤새 그리운 꽃들 다 피워놓은 화원 하나
배달되어 풀어 보라 하십니다
심란하게 흩날리는 빗속에
자꾸 꽃밭으로 눈 물들어 달아납니다
눈물 번지듯 바라보는 홀꽃대 금마타리 모데미풀 얼레지
어찌 그리 당신은 세상의 행복다발 찬연히 품고 사십니까
한 포기 풀꽃도 경이로워 보입니다
이메일 화면 가득 아련해지는 향기
내 사랑하는 생각마저 마비시킵니다
당신 닮은 화사함 어디서 볼 수 있으리까
지금 그림자 숨어버린 어둠 사이로
비구름이 당신 집으로 달려가고 있습니다

가지산 석남사

무심히 잊고 살았던
연꽃 다리 건너 불두화 만나러
절간 일주문 들어섭니다
간지럽게 흐르는 옥빛 계곡 물소리
하늘 돌아온 아련한 천년 바람
통통 가야금 튕기며
절체절명 흐느끼고 있습니다
내면의 수행은 어디서 어디까지인가요
싱싱한 푸른 기운 하나
발길 따라 오솔길 걷고 있습니다
영롱한 진주빛 무게처럼
아스라이 눈에 익어 오래 전
와보았던 기억의 저편
한 폭 수채화 되어
놓아주지 않고 있습니다
비구니 승 눈에 선합니다

첫눈에 필이 꽂히는 것처럼

첫눈에 필이 꽂히는 것처럼
계절 어느새 줄달음쳐
눈부신 새해를 향해 가고

첫눈에 필이 꽂히는 것처럼
아스라한 사랑, 중년 넘어
바스락 낙엽 밟고 달려와 있다

첫눈에 필이 꽂히는 것처럼
죽고 못 살아 해도 세월 가면
그 자리 편한 행복

첫눈에 필이 꽂히는 것처럼
인생도 이렇게 열정적일 수 있다면
마냥 그렇게만 살 수 있다면
아아~

다초점 안경

시력이라면
지구 몇 광년 되어 숨은 별빛 한 점까지
찾아낼 수 있을 거라 했던 적 있지
그러나 밤하늘 반짝이는 북두칠성 다리 건너
앞집 울타리 넘어 옆집, 고만고만한 집도
어룽어룽 혼선되어 다가오고
그도 그럴 것이
인생 파트너 노안이라 이름 지어 불러주었지
하루가 시작되면 홍수처럼 나오는
신문, 공문서, 시집, 소설, 광고까지
입력해야 하는 세상
생의 중간지점에서 오늘은 점검하는 날
두 세상 위로하듯 주문해놓고
행복에 겨웠다가 허무해지는
가을비 조용히 뿌릴 것 같은 오후
점령하지 못한 내 나이테 획을 긋고 있다

단골손님

자식 가슴 묻은 지 오래된 아파트 할머니
사시사철 어두운 그림자 드리우고
맞춤 머리 펌하고 마음에 들었는지
연신 국화꽃 송이처럼 환하게 웃고 계신다
작은 것 하나에 감사할 수 있다는 건
흔히들 또 다른 행복이라 말하지
멋 내고 외출 길 나서면서 고맙다
다독이며 사라지는 단골 할머니
오늘, 딴 세상에서 오신 손님 같다

손 님

언제 올지 모를 이들을 위해
AM 10시 문 열어 놓고
천상 빗쟁이 마냥 기다리고 있다

어떤 날은 내리내리 앉아볼 겨를 없다가
어떤 날은 소포 배달된 책들
주구장창 탐독하다 그것도 몸서리쳐

바람 든 가을 창가에서
죄 없는 풍경 간음하다 말고
팔자에 없는 지폐 대신
걸쭉한 시 한편 건져
눈 딱, 감고 장만해서 요리한다

인생은 공짜가 없다고
동그라미 대신 좌판에 펼칠
요놈의 꼬질꼬질한 시 한편 놓고 흥정했으니
오늘은 밑져야 본전, 아니아니 횡재수

낙 엽

간다 기별 하나 넣지 않고
단풍 든 산 그림자 따라 가버린 사람
산새 울고 있는 바람 앞에서
손전화 번호 삭제하고 서 있다

여름휴가

폭염에 국지성 소나기까지
사나흘 갇혀 살다 피서 간 볼링장
인간의 파괴본능은 과연 어디까지란 말인가
부모, 자식 등줄기 땀 식히며
아슬아슬 텐 핀스 볼링 무너뜨리기
스트레이트 볼 투구 때마다
승자, 패자 점수는 오르락내리락
딸아이 스트라이크 날릴 때마다
아들도 신명나 멋스럽게 훅볼, 커브볼, 백업볼
다양한 토너먼트(승자)의 하이파이브 소리
주눅 든 남편과 나, 긴 프레임만 보고 있다

치유의 숲이 전하는 말
— 편백

사계절 중 여름 편백 피톤치드 방출량 최고인 셈이야
그냥 들이마시며 머물러 있기보다
최소 2시간 이상 느림보 미학 욕망 숲길 걸어야
세포 구석구석 미움 얼레설레 숭고히 허물어 버릴 수 있어

삼림욕 길, 슬퍼도 울지 못한 집착들 깡말라 발아래 푹신하게
부식된 모습 잘난 사랑 버린 죗값이야

어디든 치유 숲에서는 푸른 촉각 1단으로 맞추어 놓고 봐야 해
찰랑 계곡 물소리 푸들거리는 생명 소리 향기로운 서풍
귀에 담아두고 뇌 알파파에게 달콤한 유혹 문자 날려봐

긍정적인 수준처럼 일상 툴툴 털고 1주일 한 번쯤
젖어드는 감성으로 간들거리는 바람
딴청 부리지 못하게 자연과 한 몸 되는 거야

저 달 기울기 전, 살아 있음이 행복해서 눈물 나도록
산자락 등불처럼 스트레스 버려야 해

눈물 같은 비

나이 들어 흙으로 돌아가심은
호상이라 상가에서도 건배 잔 올라가고
불혹 막 넘어 순서 없이 이승을 버린 상가에는
온통 공허한 통곡의 술잔들이 돈다
차라리 꿈이기를 테이블 건너 가녀린 여인 하나
어깨 들썩이며 흐느끼는 모습 보니
눈물 술잔 절로 받아넘긴다
태어날 때는 딸깍딸각 순서 정해진다지만
자연으로 돌아갈 때는 나이 순서 따지지 않는다는
객들이 버린 말, 등 뒤에 비수처럼 업힌다
아까운 젊음 거두었다고 마른하늘에서 종일 빈 바람 휩쓸다가
출상 끝나자 저녁부터 눈물보다 더한 비가 내린다
서러움보다 더 진한 조각난 꿈들이 외진 산 비알에 내린다

야생 녹차를 만들며

산언덕 차나무 밭에는 어사화 한 무더기
명차 되기 위해 비탈길 골 깊은 돌밭에서
무림 고수 내공을 늦은 봄비 속 키우며
목 씻고 귀 씻고 가슴 씻으며 공덕 지키고 있다
차 향도 목마름 같아서 물맛 따라 차맛도 달라지고.

만행화

종이꽃 피기 위해 고행의 세월 견디며
불가 온갖 수행 상징하였던가
부처님 육법공양 올리며 외로운 자들
눈가로 와서 한 떨기 미소 되고
번뇌와 무지 어두운 무명 세계
부처의 지혜로 등불 밝혀
욕심, 노여움, 어리석음 삼독
지워 주십사 빌고 있는
어느 가난한 이의 끝없는 기도
마음 가 닿지 못해서인지
인연 더 이상 만들지 말고
소슬바람 이는 쪽창으로 버려야 하느니

출근길

불면의 밤 지나 수척한 나무 밤마다 팔랑팔랑 오월 잎사귀 달았다. 나무 나이테가 주는 가르침은 모진 엄동설한에도 생명을 잉태하고 있다는 것이지. 바람 냄새 말갛게 외줄타기하며 햇살 눈부시고 물오른 자연 설익은 능선 수줍어하고 있다. 아침 출근길 유혹의 고리 외면할 수 없어 먼 산 바라보다 운전대 차선 벗어나 이탈로 곡예하듯 도피 순간 맞고 나서야 죽음의 유혹임을 감안한다. 길옆 보랏빛 제비꽃, 전입신고로 한창 분주하다 못해 잠시 꽃잎 물고 쉬고 있는 모습 한껏 분단장한 여인처럼 사랑스럽다. 산자락 오솔길 옆, 한아름 상수리나무 제법 멋진 신사복 한 벌 걸쳐 입고 큰 가지 가만히 늘어놓고 아스라한 그늘 내어 주며 기다림에 몸서리치고 있다. 산다는 것은 마냥 기다림이지.

제3부 사모곡

지구 죽어가고 있다

지구온난화 해수면 상승
신명 든 행복한 섬 사라졌다
죽음 차오르는 나라 투발루

맺은 인연 생명줄 분투해
질주하는 문명 앞
아직 절박한 고백 다하지 못했다

장문 메일 세계로 던지지만
성난 메시지 부메랑 되어와
쏟아지는 수난, 근신할 시간

보아라
지상 끝자락 난데없는 절규
수면 위 그림자 하나
눈물 어쩌지 못함을

당 신

돌아누우면 남입니다
마주 보면 무촌입니다
전생 빚 갚기 전
서로 앙숙이지요
단축 전화번호 1번
다급할 때
먼저 누르는 당신
잘난 자존심 솟대 같지만
알고 보면 별것 아닙니다
함께 살아온 세월
참으로 좋았습니다
세상 힘들 때
펑펑 기대어 울 수 있는
아파 누우면 함께 아파할 사람
당신 고맙습니다

리포트

일제히 쏟아져 나온 학생들 받은 과제물
밤새워 읽고 읽다 창가 바라보니
자목련 뒤척이다 절반 깃을 펴고 있다

절경 같은 봄날
머리로 가슴으로 화르르 꽃 몸살 번져간다
맹목적 햇살무리 퍼붓던 아름다운 화신들
겨우 어린 가지 화살 몇 개 뽑아내고

저 아우성 아래 몸살로 누웠다
절체절명 소리 없이 스러진다
저항할 여유로운 사치도 없이.

결혼기념일 · 1

유채꽃 향기 제주서 불어옵니다
분홍빛 환히 단장한 조선 매화
꽃샘바람 저리도 애간장 태웁니다
당신과 인연 더없이 흘렀습니다
하루 가고 한 달 가더니 일 년 쌓여
행복한 꽃무리 찬란히 피웠습니다
우리 수많은 언약 어이하실건가요
무심한 세월 야속하리만큼
앞만 보고 달려갑니다.
간절한 사랑, 바라보고 있자니
왜 그런지 종일 가슴 찡해
눈시울 붉어집니다

아이들

—영화를 감상하고

봄비 하늘하늘 다가온 날
안개 풀은 산골짜기 겨울잠에서 깨어난다
오래 전 잊고 있었던 개구리 소년들
길고 긴 여행 지쳤을 법도 한데
다섯 어린이 실종 사건
결론 무엇이란 말인가
숨 막히는 기다림
세월, 어언 이십 년이라
자식 가슴 묻고 공소시효 끝나
추측만 난무해 대안도 보상도 없는데
이제와 세삼 들추어 멍 한 점 보태면 뭐하리오
스크린 끝나도 자리에 넋 빠진 관객들
고개 들지 못하고 그저 죄 없는 바닥만 보고 걸어 나온 길
서늘한 분단장 위로 눈물꽃 저리게 피우다 돌아온 심야

새해 첫날

이슬 잠든 미명 따라 아슴아슴 굽잇길 올랐어
먼저 가신 님들 조용히 누운 공원묘지
적막 강산이라 숨죽였어
호명 따라 묘비명 호패 서열 상세하고
인기척 놀라 앉은 백골 어르신
살아 있다는 것은 육체가 정신을 따라
움직일 수 있다는 것이지
산 자와 죽은 자 능선 사이로
범상치 않는 이글루 불 밀어넣고 있었어
일 .분. 일. 초 애가 타 목 말라가는 심정이었지
카메라 초점 맞추는 순간 거대한 기운 하나
절벽에서 싱싱하게 건져 올린 위대한 탄생
찬란한 산맥 아래 염원 한 다발
타박타박 정상에 꽃등으로 달렸어
당당한 발걸음 훤해서
절로 신바람나 한달음 곤두박질쳤지
마음 풀어 놓음이 행복해서 감사한 아침이었어

옥봉 화장장

서리 내린 가로수 길
새벽 5시 출발, 도착한 곳
순번 질서 무시
먼저 오는 이 북망산천이라

통로마다 망자 따라 뒤숭뒤숭
따라와 있는 슬픈 얼굴들
전쟁터 고아마냥 황망하기 짝 없고

인간 종착역
역장 따라 길 잃은 이들
비틀어지는 눈물 거두고 있다
아무 종교 의식 없이 지쳐 앉은 자리

영정 사진 위 불 들어오자
아버지 집 불났어예 빨리 나오이소

순간 아수라장
눈물꽃 춤을 추다
흐느낌으로, 절규로, 통곡으로

훨훨 영혼 놀라 뒷걸음친다
진정 어디로 가야 한단 말인가
집착이란 이렇게 허무란 말인가

울어울어 눈물 강 깊어지는 날
옆에선 자식 가슴 묻고
죽어라 자지러지는 소리
또다시 울음 번져 눈물바다

사는거 별거 아니더라 벌써 한. 달. 째

딸 수능 치는 날

남들 백일기도 지성 드리느라 산속 사람 다 되어가는데
살기 좋은 세상 수시다 뭐다 하는 혜택 덕분
그 질기고 힘든 속박당하지 않고 수능 치는 날

딸내미 함께 달 사우나 가니 수능생 공짜 목욕
전신맛사지 경락 더해 주니 대박이라 좋아하고

다른 친구들 지금쯤
오금 저려 정신 하나 없는 생각하니
어쩐지 개운하지 않고 짠해지는 날

분주한 수능 돌풍 속 가게 손님 휑하니 비어서
죄 없는 앞산 단풍만 오전 내내 축내고 있다

생生 별거 있나
빈손으로 와서 빈손으로 가고
만추 끝자락 저렇게 낙엽 하나 달아두지 않고
빈 몸으로 가려고 저리도 밤낮 자기 몸 비워내고 있는데

유품 전화

자주 문안인사 드리는 아버지 핸드폰
어머님 유품으로 남았다
단 몇 초면 전화 여전히 전달되는데
아버지 다정한 음성 들을 수 없는 저녁
무성한 빈 바람 소리 풍경만 문 앞 저리도 울고 있다
금방이라도 그래 오냐 막내야 할 것 같아 기다려 보지만
조용히 낮은 어머니 목소리만 손전화 타고 흐른다
멀쩡히 걸어 병원 가셔서 두 달 만에 더듬더듬 지팡이 딛고
겨우 나오시더니 또다시 두 달 투병
이제 핸드폰에서 아버지 대신 곡비 소리만 울린다

선암사*

천년을 하루처럼
생生 ,쉬고 싶어 그렇게 다 비우고 비워서 말없이 걸었지요
마디 관절에서 밤새 끙끙거리는 소리, 흙 찰랑이는 오솔길 선암사 가는 길

꽃무릇 상사화 진저리쳐서 타오른 섬 , 산기슭 아래 발목 잡혀 살고 있었지만
애절한 전설 풀어 줄 수 없었지요
아직도 석양 숨어산 뒤뜰, 단청마다 이승과 저승의 비밀 살고 있었습니다

슬픔처럼 나직한 고요, 강선루와 승선교 밑 개울물마저 명상 음악 젖어 차르르 흘러가고 있습니다
왜 그대는 묵언만 가슴에 불 질러 놓고 신선만 끝내 기다리고 있습니까

먼발치 바람 불러 모아놓고 오늘도 이렇게 청산 아무 말없습니다
산그림자 독경 소리 안고 뎅그렁 뎅그렁 홀로 산길 내려가고 있습니다

*선암사 : 순천에 있는 한국 불교의 전통을 잇고 있는 태고종의 성지. 영화《아제아제 바라아제》무대가 되었던 곳.

선암사 와송

무슨 연유로 200년 적송님
굽은 허리 펴지 못하고 천불전 염불 아래
오늘도 엎드려 계신 겁니까

오만 가지 전생 죄 벗지 못하고 입은
삼인당 지나 고사목 조약돌 불전 놓을 곳 없어
이제는 단돈 오백 원 주머니 탈탈 털어 시주랍시고
일주문 돌계단 낮은 언덕 기어올라 법당 안, 등 휘어집니다

가당치 않는 불우이웃돕기 불전 모금함 전재산인 와송님
사모 깊은 그대 인해 백팔번뇌 인연 끊을 길 없어
밤마다 중생 되어 절간 문지방 떠나지 못하고 계십니다

산등성 벼랑벼랑 내려오는 새소리 단청 오색 물들이고
지는 세월 그만 일어나 어디 한번 고민 들어봅시다

비상근무

앙상한 계곡 같은 몸, 대장암 투병에서 퇴원하기까지
가슴 무너진 시간들 어떤 이 포기하라 하지만, 아버지 힘겨운 모습
그저 실날 같은 희망 하나 잡고 꽃 보듯 바라볼 수밖에
아침저녁 병원 문 닳도록 비상근무한 덕분, 생각보다 이른 통원치료
퇴근길, 길들여진 발걸음 문득 갈 길 잃은 몸

황천길 문전

피할 수 없다면
어쩌지 못하겠지요
그러나 지금
때가 아닙니다
정신줄 놓아 버릴까봐
노심초사한 백일
성한 몸 아니지만
당신이 계시지에
청아한 가을 햇살입니다

이미테이션 S급

벼랑 끝에서 수술 세 번 받고 병실 누우신 팔순 향하는 친정아버지.

중년 들어 처음 틀니 닦아 드렸네. 세면대 저 밑바닥 화산 불꽃 분출하듯 올라와 견디기 힘들게 치솟는 짠한 마음. 다시 어린 아기 되어 버린 당신에게 구원해 드리지 못한 시간들. 이동식 오복 하나 들고서 아득한 꿈꾸다 간신히 마음 닦아내고 돌아선 복도. 한참 한참을 죄인 되어 병실 돌아오지 못했네.

병상에서

풀잎 한 겹 사이 소나기 퍼붓다가 소스라치는 내공들. 이탈한 뼈마디 정신보다 먼저 척주 관절 어디쯤 업혀 자지러지도록 집착하고 있다. 하루 길이 언제나 스무네 시간 줄일 수 없음이. 버려야 할 것 정뿐이더냐. 비워야 할 것 마음뿐이더냐. 사투 병상생활 삼 개월째. 생애 태양 처음 올라온 그날처럼 따근따근 가슴 쓸어내리는 햇살 정인이었다가. 문득 푸른 별 짙게 내리면 어둠 속 동정녀였다가. 어느 눈먼 바람길 내어줘 아무것도 할 수 없는 절뚝거리는 저녁 한때, 뒤돌아 수런거리고 있다. 장맛비 철 따라 풀물 들이며 발자국 소리 없이 오고 남들 듣기 좋은 소리로, 생에 있어 휴식이라고 하지. 통증 설치어 잠들지 못한 밤이면 쉼표만 찍고 있는 독경 소리. 산허리 해무 안은 초승달. 이보다 더 절박하리.

사 월

벚꽃 으스러진 길목마다 잔인한 달 피어 있고
무엇에 이끌려 봄인 듯 겨울인 듯 와버린 사월입니다
무기력 집중할 수 없어 한 이틀 점검 들어가기로 했지요
시간은 우리를 기다려 주지 않고 신이 우리에게 준 선물
시간 디자인 못하고 저물고 나니
자신과 약속에서 패배당한 지난날 하나
주도적으로 노려보고 있네요
시간, 빌릴 수도 빌려 줄 수도 없는
꽃 저리도 풀풀 지는 어느 봄기운 가득한 날
인생 점검 중 빨간 경보등 들어와 이리도 점검 중입니다

슬럼프

쓰다듬어 미궁 같은 독주 일주일째 마시고도
아침이면 영혼에 다시 스위치 올려지고
철인3종 경기 기사로 무대 올려진다
죽일 수 없는 질긴 타협되지 않는
기억의 봄 끄트머리 스멀 기어 나오면
숨 막히는 복사꽃잎 아래 독주 퍼져 강물 이룬다

결혼기념일 · 2

바다 둘레 길 돌아온 지 벌써 이십 년
맹맹한 물김치 같은 하루 보냈다
바라보고 살갑게 한마디 던질 작정이었는데
고 3 딸내미 걱정에 태산 변명만 늘어놓다
겨우 비집고 들어가 한마디 던진 말
같이 살아줘서 고맙소
답신 없는 건배 잔 속
변화지 않는 강산만 목에 감겨
넘어가지 못하고 뒷걸음친다

바람 불어 한가한 날

삼월 시샘하다 풍경 뎅강 뎅강 우는 날, 숍 조용
저렇듯 봄바람 사나운데 당신 오겠소만
종일 처연히 흘러나오는 가게 클래식 반복 곡조
한 박스 보내온 책 꾸러미 좋아서 작품 감상 빠져 있다
금전보다 한 땀 한 땀 언어 기워가는 하루
주머니 사정 가난하다 하여도
마음만 카지노바 한 탕 건진 날건달 기분 이러하리
몇 시간 책 오솔길 들었더니 희뿌옇게 활자 기러기 난다
조용해서 미치는 날, 책 속 길 있나니

사우나 강의

아침마다 가는 사우나
온탕에서 수다 떠는 어느 사모님 소리
버거움 다 벗어버린 연륜
암탉이 울면 집안 망한다는 말은 옛말
암탉이 잘 울어 줘야 집이 잘 된다며
목욕탕 강의 열 올리고 있는 곁에
지그시 눈감고 세상 돌아가는 소리 훔쳐 듣는다
알몸 강의하는 그의 전투적 명강의
하도 열강이라 한마디 건넨다
지당하신 말씀
박수부대 팬 기립박수 쏟아지니
흩어졌던 사우나 손님
무슨 일인가 전라로 우르르 일어선다
사는거 뭐 별거 있어

제4부 눈물 봉투

매화꽃 다시 피면 너를 잊을 수 있을까

안부전화 하려는데
갑자기 누군지 생각나지 않는 비 개인 오후
촘촘히 들어와 있는 생의 한적한 거리
이름 하나 찾아 헤매다 매화꽃 피고 말았다
꽃, 다시 피면 너를 잊을 수 있을까
피던 꽃 무리 지면 너를 잊을 수 있을까

눈물 봉투

설날 큰 오라버니께 세배하니
금일봉 봉투 하나 슬쩍 가져온다
중년길 동행하는 내게
주는 용돈 의미 무엇인지 알 수 없어

저린 눈시울 붉히며 훌쩍이니
어머니 옆에서 한마디 건넨다.
그래 오빠한테 잘해라 하시는 말씀

아버지 어머니께 봉투 내미니
어머니 한사코 되돌려 주시고
오라버니께 금일봉 받으니
어쩐지 침묵 속 울고 말았다

막내라 짠해서 주는 것일까
내년에는 잊지 않고 봉투 하나 더 준비해
마음 빚 대신하리라

아들 졸업식

천진한 꽃미남 막내 벌써 중등 졸업
남들 딸 손잡고 하루 휴가 내고 가는 졸업식
살기 바쁜 우리 가족, 설 대목 본다고
각자 자기 직업전선 지키고 있다
왁작 달려가 좋아하는 꽃
프리지어, 스타치스 두어 다발
안겨주며 축하한다고
토닥거리며 부산떨고 싶지만
가지 못하는 길 위로 며칠째
이슬비 내렸다 진눈깨비 내렸다
못 가는 심사 대변하고 있다
고 3 딸내미 일일 부모 도우미하러
분단장 꽃단장에 하이힐 신고
룰루랄라 삐딱 걸음 나선다
가게 지키고 있는 내 눈 언저리 아래
미안함 한 무리 지어 파고들어
고개 숙이게 만든 슬픈 날
창밖에는 내 마음 아는지 모르는지
하염없이 무정히 비만 내리고.

출근

선달 들어 노숙 청산하고 몇 주째 행복한 일손 즐기고 있다
이 세상 노는 것보다 힘든 일 어디 있으리까
있을 때 소중함 알지 못하듯 떠나고 보면 후회하는 인간사
뜻같이 술술 풀리면 무슨 매력 있으리오
잃어버린 무정한 세월 그토록 쓸쓸한 건 왜일까
휴식에서 깨어난 지금 그래도 살 만한 현실 있기에
변명 못하고 뜬금없이 밀려난 어느 고독한 하루 펴낸다
허공에 쏟아지는 잔인한 말티고개 출근길 넘어간다

전업 시인

문설주 기대어 놀고먹는 사람
백수라 하면 즐거운 선정일까
몇 년 전부터 그런 전업 시인
동경 대상이었네

아침이면 가는 사우나
늙지도 젊지도 못한 마님들 수다
좁은 한증탕 헤이즐넛 원두커피 향 날리는
팔자 좋은 허수아비 사모님들 보면

서문으로 붙은 1인 5역
진저리 친 메마른 내게는 성자 같은 존재
팔자 좋은 복부인 피부 또한 박속 같다

빈 뜰 내려앉은 찬 서리
밤마다 평범 꿈꾸다
낮이면 사라지는 한 편 허구

일생일대 첨 해보는
전업주부, 전업시인 꼬리표 단 지 1년
서걱서걱 빈 바람 마른 잎
구르는 끝자락 와보니

늘 하던 일 미루고
남의 글 탐닉하겠다는 욕심
하루살이 생, 꿈이었네

오늘처럼 기온 영하로 떨어져
가슴 허허한 날
테라스에 나가 노릇하게
만삭 얼음 달 전 굽고 있다

아득한 산맥 하나
따끈따끈하게 굽고 있다

천년 비누

전생 너의 것이었지
가끔 몰려오는 지친 생명
시린 새벽 궁금한 별빛 같았어
녹아내리는 사랑 다 가질 수 없어
사치에 불과하다고 흔한 말 했지
서툰 향기 가둘 생각 당당히 없어
이제 널 내려놓을게
서럽지만 천년 기다리마

가을 타는 하루

온종일 요란하게 울다 지친 풍경
자정 들어서야 늙은 소리 접고 누웠는지
적막강산입니다
무료한 하루 남은 바람 한 톨
통유리 넘어 서둘러 건너가고 있습니다
테라스 서 있는 부처바위손
기습 추위 기죽어 있습니다
빗장 내린 거리 은행잎들만 선연히 휘돌고 있습니다
단청 같은 계절 평온해 붉은 눈물 같습니다
어디론가 떠나가는 소리 들려옵니다

장기 기억하기

가을 하늘만큼 기억해주기란 어려운 거지요
보석 가득한 계절 돌아서 여기까지
후끈한 여름날 이제 갔습니다
미련 없다 하여 가벼워질 시간 아니지요
시가 되지 못한 나날 참으로 많았지만
소슬한 빗방울로 문안 인사한
아침 햇살 국화 향기 납니다
창가 롤스크린을 올리며 기억 숲 열어 봅니다
잠시 쓸쓸함 내려놓아야겠지요
가만히 지난 시간
감미로운 행복입니다
행운을 가지려고 하는 이 많지만
행복을 가지려고 노력해야 합니다
행운은 잠깐이지만 행복은 영원합니다

여기가 홍도라

말로만 듣던 홍도 여행길
목포에서 쾌속선 타고 두 시간 삼십 분
연신 기분 벙글벙글하였더니
시커먼 파도 밀려와 아수라장
얼굴 노랗다 못해 창백하게 질린 풍류객
다들 이제 죽었구나
이 뱃길 왜 왔나
후회하던 참 도착이라
여기가 그 이름 유명한 홍도라
수없이 다가서는 섬 냄새
숨 막히는 선착장 저편 보고 있자니
건성건성 하루 삶 다그치는 아낙들
염분 냄새 절인 섬 나들이

홍 도

노을꽃 내리는 다도해
달빛 몇 알 으스러지니
적막 따라 떠난 고행길
어느 여행객 씹다
무심히 내다 뱉은

유행가 한 자락
홍도야 우지 마라
칠흑 속 후미진 가로등
불꽃 피어올라 환하다
목쉰 바위섬 말 많은 전설까지
제 몫이라고 엎드려 산 세월

달그림자 산 나이테 그리며
팔자타령 하다 말고
사람 냄새 그리워 지금
방파제 내려오고 있다

아들 생일날 적는 짧은 마음

조막손 잡고 나들이하던 꼬맹이
벌써 열여섯, 키 엄마 두 배
아직 덜 여문 아들 생일날
이른 아침 소박한 상 차려 기도한다
달콤한 아침잠 빠져 있는 아들 방문 열어보는 순간
어느 우주별보다 더 환해서 아침 눈부시다
꼭 이 말 해야겠어요
간밤 내게 조용 속삭이던 말
낳아주셔서 감사합니다 어머니
천 냥 빚 갚는 한마디
전생 빚 갚아 나가는 또 다른 행복

멍 이야기

불면 속 푸른곰팡이 번져 갈 때마다 비보 소식 자막 타고 날아든다
중천 못 가면서 천국 걱정하는 영혼 사이 내 안 지독히 낡은 관념 번질 때마다
보리 맥주에서 소주까지 심장 깊숙한 은신처 숨기고 보니
독 되어 돌아와 피부 속 곰팡이 자글자글 꽃 필 모양이다
남강 둑 달맞이 향 시비 걸어와 밀어내려 해도 역전, 속에 천불나 무작정 거닐다
시퍼런 생명 숲 그 무엇인가가 죽고 싶다고 고래고래 하소연 소리
가는 길 멈추고 털썩 주저앉았다
영혼 빠져나가는 소리
안개 피어 질식할 것 같은 칼칼한 밤
단 한 번 누리지 못한 열악한 저 바닥의 삶
덤으로 생명 내어 주는 건 이토록 어려운 것일까
요구조건 많다는 건 그만큼 불만이 많다는 거야
성숙되지 않는 곰팡이 협상 너무 까다로워 돌 지경이야
인생 뭐 별거 있냐 하지만, 그대 하기 나름이라고
남강 언저리 하수장 새 갈댓잎 물길 사이에서 통곡 신음 올라오는 새벽 4시

지친 곰팡이 졸음 겨운 걸음으로 총총 제집 몰아가고
있다
산다는 건, 행복인 거야

당신은 누구인가

비좁은 가슴 열두 명 여인 살고 있다
오늘은 몇 번째 여인 사는 모습 볼 수 있을까
한판 광란 폭풍우 내린 뜰 거닐더니
쩌렁쩌렁 진종일 아무 일 못하고 흔들리는 창가 섰다
폭우 내리는 내내 짠한 세 번째 소설 한편 작업하다 말고
하늘거리는 원피스 입고 저쪽에서 서성이다 환히 걸어 나온다
어디서 한 번쯤 낯익은 얼굴 그녀가 가끔 다니는 골목 옥상 위
분홍 접시꽃 만발한 미니 정원 한눈판 사이 갑자기 그녀, 사라지고 말았다

자 유

어느 수준 높은 시선집 한권 읽다가
책임 의식 하나 발견한다
한판 승부 바둑판처럼
멀리 왔다는 막연한 생각

내 후줄한 미래 빤히 보니
장기 한판 같은 꼴 될까
서글퍼지는데

살다 살다 하고많은 날 중
하필 지금, 머리부터 발끝까지
세포 뼈마디마다 오래 전
든든히 들어와 살고 있는 집착

저려오는 가슴 얼마 더
추락해야 비참하다 말하리
물안개 하얗게 핀 밤

환청 같은 욕망 여기서 버리기
내가 나를 너무 가두어 놓고
방치한 시간 풀어주기

지리산 밤꽃

몽유도서 맡은 저 환장할
유월의 어지러운 냄새
기약 없이 쏟아지는
낯선 남자
광기 어린 분칠도
요즘 한철

발정에서 회오리치다
이제 주춤거리며
길 아래 터벅 걸음 치고 있다

농장 향하는 길
차창 밖, 펴 올리는
어느 지구 끝자락에서
본능처럼 느껴보는 입덧

분분한 열병에서 이제 막
꼬물거리는 생물 내밀어 놓고
지리산 평온해 저리 웃고 있다

팔 자

갑자기 교신처럼 빨려드는 사업 하나 우기다가 짜르르 번진 여유 있는 날들 속에 달포 정도 자지러지다가 결국 허상만 허물어지고 돌아와 사주팔자를 묻는다

무거운 돌덩이 하나 질질거리며 끌고 오다 골목 후미진 작은 공원 가 운동기계처럼 두고 온 지난 삼십 일, 가만히 뒤돌아보니 백정 팔자 올 사주에 없어 어느 철학관에서 두고 온 내 꿈 처방전

소록도

지형이 어린 사슴과 비슷하여 소록도라 했다지요
대화도, 상화도, 소화도 말없이 천국처럼 바라보고 있지만
강제 분리 수용한 전설 같은 과거 기록, 소록도만 알지요

한센병, 동상 아래 밤마다 몰래 절규하며 매달렸을
눈물 아직도 흐느끼고 있는 것 같아 보였습니다
역사적 현장은 을씨년스럽게 방치되어
부패한 공기 환기시키지 못해 비린내가 올라왔습니다

차마 잊을 수 없는 거라 오랜 세월 버티며
달빛들이 모여 아직 살고 있습니다
가릿대* 들고 천벌보다 더 가혹했을 시술대 감옥

영혼을 울리는 해설사 설명에 눈감고 귀 막아 버렸습니다

＊가릿대 : 요즘의 의료보험증.

거제 망산

신이 빚은 비경 따라 가물가물 숲 언저리 밟고 올라가다보니 끝없는 곡예사
한참 산 밟을 시간 내지 못해 체력 테스트 해볼 요량 없이 살아온 자신
심장 펌프질 소리 요란해지고 실한 땀방울 퍼 올린다 정신없다

실로 오랜만에 괴력 같은 힘들이 살아 꿈틀거리고 있다
탈옥수처럼 기어오르는 저 도미노 사이에 나도 살아남기 위해
정상 보며 쉬이 질려버릴 것 같아 하늘 한번 못 보고 4시간째 보약처방 따라온 길

나의 한계는 어디쯤 어느 지점 위치에서 종착역 하나 장만해 놓고 있을까
휘즐휘즐 방전되어 내리막길 저어오는데 한나절 햇살도 절름거리며 홀로 집으로 가고 있다

아침 산책

어떤 이 훅 지나가는 말 던집니다
시인, 너무 슬픔 다 안고 산다고 싫다는데요
곡비 되겠노라고 자청한 세월 어느덧 아득하네요
이렇게 빈방 세상 근심 다 모여 앉았습니다
명품 곡비 되기 위해 구겨진 마음 다리려
슬픔 은퇴한 또 다른 이
한길 가 옆 사우나 나섭니다
조로록 달려오는 생경한 아침 햇살
명경 알처럼 환하고 깊습니다

초파일 금언

그대 바라보고 온 오후
또 비 아른거린다
목까지 차오른 말
좁은 한지 다 적을 수 없어
쩌렁쩌렁 죽비 되어버리고
곡우 지나, 차 빛 갈증 나 지나는 길
불경 소리 놓고 도중하차해 버렸다
청보리밭 가로질러 비 몰려오는 소리
등 뒤 두고 섬진강 돌아오는 길

제5부 신혼 일기

반 란

한 사흘 명상 잠겨볼 참이다
저 어느 부서 수행 하나쯤
거부하면서 푸른 독버섯 같은 멍 하나 견디어 볼 참이다
몸속 온기 다 빠져나가 냉기 가득해서 봄 거쳐 지나가도
시베리아 냉골 얼음 밭이다
한낮 따사로움 발그레하다 못해 땡땡한 육질의 레몬 빛 쏟아내고
한 치 오차도 없이 365일 시간 바퀴 돌리고 있다
대문 밖에 여기저기 겨울을 폐업하고 봄 신상품 개업으로
확성기 세월 파는 소리 귀 얼얼하다
산만해서 그럭저럭 숨을 곳 많은 주말
구들장 벗어나 풀물 풀풀 날리는 차밭으로 떠나가 보리
겨우내 몸 풀어놓고 기다리고 있을 여린 탄생에게로.

왕벚꽃

사월 멀리 가지 못하고 몸부림치고 있다
제법 근사한 바람 속 왕벚꽃 가지마다
날개 털며 변신하며 금산 길 너머에서
청곡사 8미터 도로 물고 고단한 길 지키고 있다
해마다 이쯤이면 서 있는 신기루 수양버들
금호지 수양버들에도 물기 촉촉한 옷단장으로
능선 자락에서 막 내려온 너의 온기 밀어 넣고 있다
꽃물 들어 안달난 사람들의 자유로운 걸음
레쓰비 커피 향 노을 속 젖고 있다
엘리엇 티 에스 봄, 그대 가슴 안 있다

매화 마을

물길 따라 흘러간 곳 섬진강 매화 축제였지요
인산인해, 설국 천지 인심 좋은 동네 매화꽃 닮아 환했습니다
질펀한 인생가 팔자타령 늘어놓은 각설이 가사 부질없음에 사는 게 별거 있나
상념 조여와 걸쭉한 막걸리 목마른 심장에다 털어부었지요
알싸하게 전해오는 탁배기잔 내 인생 같아서 더 오금저렸습니다
많은 사람들 태어날 때부터 잘난 사람, 못난 사람 정해져 있는 걸까요
팔자도 살면서 자기가 만들어가는 거지요
나약한 게 인간이라고 자신도 못 믿으면서 하나님 찾고
부처님 찾아 기도하며 의지하고 때로 위로받지요
으스름 달빛 아래 30만 평 꽃천지 구경하다
흠뻑 향기 취해 석양이 저 혼자 타박타박 내려가는 줄 몰랐습니다
백색 전쟁 무릉도원에서 갈 길 잃은 하루입니다

만다라화

떠나야 할 이쪽 언덕에서
저쪽 언덕으로 환생 화살 쏘는 것은
절제 없는 갈망일 게야
지독한, 내 안의 또 다른 이 누구신가

거제 동백

봄밤 수천 물길 파도치더니
바닷물 저리도 퍼렇게 멍들었다
몽돌 수런거릴 때마다 벙글은 꽃잎
어여쁜 동백 아가씨로 피어올랐다

매 화

또다시 꽃샘추위 소란 피울 때
오감 흔드는 매화차, 다기 피어나고 있었다
널 보면 어쩐지 아리도록 분냄새 나
상상의 나래보다 훨씬 큰 능선 자락
그 많은 분내 은둔하며 감춘 덕분에
변화무쌍한 삼월, 꽃몸살 나
혼란스러워 대문 밖 출입 못하고 있었지
운 좋은 처마 밑 풍경, 구석 바람까지
죄다 모아 매화향 펴가고 있어
상춘객 신선한 충격이야

기억하기

어느새 이월 중순, 세월 질곡같이 달리고 있다
사주에도 없는 6개월 마침표 찍고 보니
슬슬 적응되어 가는지 체질 알아서 자리 잡는다
이러다 정말이지 편한 백성 되는 건 아닌지
무게 놓고 보니 숫자 개념마저 가난해진다
그에게 온종일 침묵, 산그늘 아래 진저리치던 햇살과
언덕배기 물오른 가지마저도 오늘은 왠지 아무 말 않고
빈 바람 소리만 무성하게 널 기다리고 있다

정월대보름

어딘들 복 달라 염원 없으랴

가는 곳마다 풍물 한마당 질펀하여 소리꾼들 열두 달, 복 달아 애절하여라

동네 어귀마다 액막이 달집 연기 가득하다 못해 화왕산 억새 불길 화 불렀다

오곡밥 부럼 올해 까칠하여 구미 당기지 않아서인지 없는 복, 차마 달라

매달리지 못하고 길손 다 주라 외면하면서 고개 돌리고 와 버렸지.

신혼 일기

오래 전 노트 한 권

내 남자 집 식구 제사 및 생일 기록 신혼 적 새해 밝아올 때마다 꺼내 달력 표시해 놓고 일렬종대 줄 세우기 하다 조그마한 메시지, 시한폭탄 발견하였네. 오늘은 우리의 결혼기념일 언제까지나 당신 아끼고 사랑하겠소. 한 십 년 전쯤 어느 결혼기념일 꽃다발과 받은 작은 메모지 감동해 비망록에 숨어 산 지 몇 해인지 헤아릴 수 없는 시간

가만히 생각해보니 무덤덤한 내 생애 거짓 같지만 진실한 사랑 있었구나 생각하니 가슴 얼얼해 숨통 죄이는데, 그해 날짜 일기장 펼치니 달콤한 이야기 이러했지. 세상고뇌 짊어진 채 묵묵히 한 길만 걸어가는 당신, 어제 오늘 변함없는 바람막이 되어주신 그대에게 감사합니다. 언제까지 변치 않고 험한 세상 다리 되어 주소서.

과거 한순간 필름 삭제당한 내용 낡은 영사기 돌려보는 작은 행복.

현이 생일

일월 마지막
여기저기 생일 빨간색 표시해놓고
늦은 시간, 서재 앉으니 원망스러운 달력 댓글 보인다
새해 잊지 않고 챙겨 주리라 마음먹었는데 홀랑 자정 넘기고 말았다
급히 후두둑 생질께 문자 넣는다
안 자면 저나해… 미안해… 서운한 바람 한 줄기 창가 노크한다
답 없으니 정신 번쩍 든다

산삼주

두 번째 산삼주 마시는 날
산다래 순에 곰취 나물, 꽃 버섯무침
인간사 일신우일신 기본 원칙 홀가분히 벗고
내면세계 내려간 그 깨달음
입 안 가득 산 향기 퍼지는 삼동 나절
자연 안은 느낌이 이런 것이라면
사색 거쳐 대접받은 상차림 오감행복이라 말하리
물비늘 언 경호강
휘돌아 스러지는 저녁노을마저도
산 향기 돌아 전율이었다
행복, 행복의 무게도 동감일 것이야
그래서 간사한 신은 멀리 있지 않고
자기 자신 안에 있다고 늘 이야기해 주지

미세절개

성형외과
아침부터 돈다발 지폐계수기 열심히 숫자 표시한다
짝퉁에서 명품 브랜드 되기까지 복제 위험수위 넘어선 풍경
돈 있는 사람
머리끝에서 발끝까지 수제맞춤 명품바코드 달고 다니는 수준
돈 없는 사람
성형외과 근처 문 앞만 봐도 클레오파트라가 된 듯
입구 거울 속 희망 걸어두고 지나간다
이 세상 꽃미남 넘치는 거리, 살아남기 위해
성형외과 문지방 닳도록 들락거리는 중독된 꽃남들 눈에 훤히 들어온다
온통 짝퉁 세상에서 고립된 어느 꿈 같은 하루

사람의 마음을 흔드는 새해 아침

새해, 맞이하려고
지리산 대원사 지나 유평 지나서
하늘 첫 동네
산꾼의 집 있는 조개골 향했네

단순 넘어 비구들의 집착 넘어
인내의 길 따라
초승달 하나 북두칠성과 노니는
거친 숲 따라 어둠 주섬주섬
주머니 속 한톨 한톨 넣고 도착한 곳

그곳은 수묵 위에 뿌려진
함박눈 부드러운 세상
유연한 장당골 계곡
사방 얼음과 고드름 드리우고
고뇌하며 엎드린 산중

밤새 바람 친절하지 못해
태풍 같은 목소리 침묵 속 들려주고
묵은 밤, 달과 익어간다

세심한 아침
예절 바른 해 뜨길 두 손 모은 시간
드디어 자신을 알지 못하는 곳에서
흥미로운 해 정직하게 솟아올라
놀라움 내리며 염원
한마디 훅 묻는다

친절한 평화 위로 부는 바람
무릇 또 한해 수천 길 열어
부여잡은 마음 눈송이 아래로 흔들고.

불 면

어둠 녹아버린 창가
늦은 밤 쿨룩거리는
옆집 낡고 병든 보일러 소리
저승꽃을 피우는 소리처럼
귀에 거슬린다

머리는 비어 있다
내내 누워 생각 굴리다가
책 보아도 딱히 집중과 거리가 멀다
정신 환해지려고 찬물 한 바가지
세수하고 돌아오니
오목조목 정신 살아나 번쩍번쩍하다

가슴 먹먹하다
자정 훨얼 지나 마당에 나가보니
조각난 반쪽 달 감싸 안은 달무리
밤바람에 지쳐 곤히 잠들어 있다
실없이 긴 밤이다

통영바다

저 불덩이 벌건 하늘 보라
갈매기 달구어진 제 가슴
주체할 수 없어
비상 경계령 내리고 있는
이방인 따라 육지로 이주한다

사연 많은 세입자

그럭저럭 살 만하다 생각하니
세입자 아가씨 위장으로 이사 와
위 점막하 종양 별난 이름 문패 달더니

잠잠한 세월 몇 년 정적 감돈다 했더니
이번엔 목으로 이사 온 모피코트 새댁
총천연색 갑상선 결절 이름 붙여
좁은 골짜기 마른 들꽃 피우기 일 년

새해 그냥그냥 좋은 일 있나 했더니
세상 제일 뻔뻔한 역사 가진
요염한 입술로 이사 온
성대 결절 미모 중년 사모님

철인 3종이라 우긴 뒤숭한 주인양반
그 참 세입자 별별 간판 거창해 기막히는데

또 무슨 세입자 줄서 있나 겁나
세상 하나밖에 없는 이놈의 집
변두리 절간 돌탑 위 슬쩍 둔다

어글어글한 집, 사는 게 바빠
점검도 사치에 불과했던 세월
백만 볼트 스파크 한 줄기
수직으로 번갯불 번쩍

다시 고쳐 사는 시기 중년이라
아득히 멀게만 느껴지는 무성한 봄

장승도장

여러 스무 날 가더니
아기 장승 하나
물소리 내는 웃음 안고
자지러지며 왔다

올래 말래 하는
성글은 머리띠 하나
짜 두른 장인정신
세상 어지럽다
경제 얼어붙은
움츠린 이 엄동설한

단풍 지던 날
무에 그리 기분 좋은
하루 있다고
일생 박장대소
거치지 못하고 있나

순간 눈빛 놓을 길 없어
책갈피에 끼워둔 한나절
심성 하나 고와 보여
눈빛 맑은 그리움이다

어둑한 새벽
정화수 사발에 떠오른
만개한 웃음꽃
아 벌써 도화꽃 핀 봄이다

어머니 · 2

환청이리라 믿은 동문서답
가까이 들을 때마다
변명인 줄 알았습니다

우물쭈물 그냥 받아서
다시 돌려주시는 목소리
이유가 있겠지요

삼일 전
분신 닮은 보청기
맞추고 돌아오는 오후
가랑비 겨울 산 적시고 있었습니다

제 가슴 태산같이
자꾸 울컥거려서
당신 몰래 울고 말았지요

세월 어쩔 수 없나 봅니다
먼 길까지 힘겹게 달려오신 모습
어쩐지 바라볼수록 주름뿐인 얼굴
짠해져 자꾸 옷자락 붙잡고 울고 싶습니다

아침 전화 음성 듣고 나면 온종일 행복합니다

아버지

이제 건강관리할 때입니다
보름 병원 신세 약봉지 한아름 안고서
퇴원하고 왔습니다
하루 드시는 알약 밥 한 공기 양입니다
이제 들일 무관심하시고
그 좋아하는 반주 그만 드세요
예전 같지 않는 모습
밥 한술에도 틀니 삐걱거리지만
카랑카랑 성질 여전합니다
정말 마음도 다스릴 때입니다
당뇨, 지겨워 퇴원한 가방 속
큼직한 글자의 설명서 가득 들어 있습니다
식전, 식후, 저녁 여덟 시 이유 많은 처방전
약, 온몸 지배해 버린 당신 알고나 계시는지요

우도에서

계절 쓸쓸하여 찾은 섬
드릇국화* 천연스럽게 피어올라
검멀레(검은모래) 홍조 띠며 바라보고 있었어
일 년 만에 바라보는 한라산 그림처럼 눈에 익어가니
일몰, 쏟아지는 박색한 하늘가
수십 척 어선 무리 지어 물든 등대
절창 중에 절창이야
이 밤 거칠게 들락거리는 소금 냄새
파도 소리 하루가 멀다 하고 열병 앓고 누워 있었어

*드릇국화 : 쑥부쟁이 제주 방언.

경 남 시 인 선 144

매화꽃 다시 피면

정삼희 시집

펴낸날 | 2012년 2월 28일

지은이 | 정 삼 희
펴낸이 | 오 하 룡
펴낸곳 | 도서출판 경남

주 소 | 창원시 마산합포구 남성로 42
연락처 | (055) 245-8818~8819
홈페이지 | www.gnbook.com
블로그 | gnbook.tistory.com
이메일 | gnbook@empal.com
등 록 | 제2호(1985. 5. 6.)
편집팀 | 오태민 | 심경애 | 구도희

ISBN 978-89-7675-755-5-03810

〔값 10,000원〕